In Schmunzeldorf läßt es sich herrlich leben. Du glaubst mir nicht? Dann bitte doch Professor Sigmund Sumpf oder den alten Dachs Rauhbein, dir etwas über ihr hübsches, kleines Heimatdorf zu erzählen. Du wirst es erleben: Sie reden von morgens bis abends und haben noch lange nicht alles erzählt.

Von ihnen bekämst du etwa folgendes zu hören: Schmunzeldorf schmiegt sich eng an den Rand des Wisperwaldes. Durch den Ort schlängelt sich das glitzernde Band der Wisper.

Die Tiere von Schmunzeldorf sind gute Freunde und Nachbarn. Und wenn du als Fremder dorthin kommst, sorgen sie dafür, daß du dich ganz schnell bei ihnen zu Hause fühlst.

Geschichten aus Schmunzeldorf

Ein erlebnisreiches Jahr

englischer Originaltext und Bilder von
John Patience
ins Deutsche übertragen von Gisela Fischer

PESTALOZZI-VERLAG, D 8520 ERLANGEN

Frühling

Wie überall, so herrscht auch in Schmunzeldorf im Frühling emsiges Treiben. Da wird im Garten gearbeitet, das Haus frisch geweißt oder wird der Frühjahrsputz gemacht.

Zu dieser Jahreszeit ist jeder rastlos. Keiner verweilt lange. Und hat jemand wirklich einmal ein oder zwei Minuten ein Schwätzchen gehalten, so murmelt er bestimmt: „Jetzt muß ich aber gehen und meine Tür fertig streichen!" Oder: „Du liebe Zeit, jetzt ist schon Mai, und ich habe mein Gemüse noch nicht gepflanzt!" Und sogleich geht es wieder an die Arbeit.

Familie Blumenfreund

Es war zur Osterzeit. Klettermax half seinem Vater, Herrn Blumenfreund, beim Ausbessern des Daches. Pick und Puck spielten derweil mit Ostereiern.

Frau Blumenfreund wickelte für Herrn Weidenbank einen Frühlingsstrauß ein. „Das ist bestimmt eine hübsche Osterüberraschung für meine Frau", meinte der Igel.

In der Schule

Dieser Frühlingstag war wirklich herrlich. Doch die Luft in der alten Schule kam Frau Knusprig, der Lehrerin, entsetzlich stickig vor. Darum zog sie kurzerhand mit ihrer Klasse hinaus ins Freie.

Frau Knusprig unterrichtete gerade Mathematik. Sonst langweilten sich die meisten Schüler in dieser Stunde. Nur Klaus Langbein nie, denn er war sehr gut in Mathematik. Doch heute, so im Freien, machte dieses Fach allen Spaß!

Der Frühlingsbasar
Auch beim Frühlingsbasar im Garten des Pfarrhauses war herrlichstes Frühlingswetter. Pfarrer Schummrig kümmerte sich um das Glücksfaß. „Augen zu und dann hineingreifen!" sagte er zu Klettermax. Seine Tochter Lupine aber verkaufte begeistert gespendete Sachen.

Frau Schummrig, die Frau des Pfarrers, sorgte für das leibliche Wohl der Gäste.

Aprilwetter

Wachtmeister Langbein hatte seinen freien Tag. Da unternahm er mit seiner Familie einen Ausflug. Aber unterwegs wurde die Hasenfamilie von einem Aprilschauer überrascht. Klaus und Klara liefen mit der Mutter. „Ich eile voraus!" rief der Wachtmeister und nahm Klein-Florian auf den Arm.

Unter zwei Birken suchten sie Schutz. Und während sie
verschnauften, bewunderten sie einen schönen Regenbogen.

In Boris Blinzels Laden
In Boris Blinzels Antiquariat wurde ebenfalls Frühjahrsputz gemacht. Da trat Professor Sumpf ein. Er war auf der Suche nach einem Buch über berühmte Kröten.

„Wahrscheinlich ist das Buch in dem Stapel dort drüben", meinte Boris.
„Du liebe Zeit!" rief da der Professor. „Ich glaube, da komme ich besser morgen noch einmal, wenn die Bücher wieder im Regal stehen!"

Sommer

Jeder in Schmunzeldorf freut sich auf den Sommer. Auf die schönen Tage mit Picknick am Fluß und auf die Ausflüge zum Meer.

Während der langen Schulferien im Sommer gehen die Tierkinder zum Schwimmen oder Angeln. Oder sie spielen Verstecken im Wisperwald.

Hummeln summen zwischen den Wiesenblumen umher. Libellen schwirren dicht über dem Fluß. Natürlich gäbe es noch immer viel zu tun. Aber im Sommer hat niemand so recht Lust zum Arbeiten!

Auf dem Brombeerhof

Bauer Brombeer war beim Heumachen. Das Heu war schon zu Ballen gepreßt. Und Hans und Grete halfen beim Aufladen. Tina war noch zu klein zum Helfen. Darum durfte sie oben auf dem Heuwagen sitzen.

Zur Mittagszeit kam Frau Brombeer mit einem Korb voller Köstlichkeiten zum Essen und Trinken. „Prima!" riefen die fleißigen Dachse und legten gern eine Pause ein.

Professor Sumpf

Professor Sigmund Sumpf lebte im Ruhestand. Er hatte daher viel Zeit und verbrachte im Sommer beinahe jeden Tag an der Wisper.
Früher hatte der Professor weite Reisen unternommen. Ja, er hatte sogar einige Zeit in den Tropen gelebt. Kein Wunder also, daß er nie unter der Sommerhitze litt!

Am Gartenteich

Familie Pfiffig verbrachte wieder einen wunderschönen Sommernachmittag an ihrem Teich im Garten. Frau Pfiffig erholte sich im Schatten eines Pilzes. Ihr Mann ließ sich gemütlich auf der Luftmatratze treiben.
Glitzer, Spritzer und Flitzer vergnügten sich am Sprungbrett. Und Mücke übte Kopfsprung und Tauchen.

Eine nicht geplante Reise

Dieser Sommer war sehr heiß. So heiß, daß die Wisper austrocknete. Ohne Wasser aber konnte sich das Rad von Herrn Quakers Mühle nicht drehen.
„Das macht überhaupt nichts", sagte da Frau Quaker. „Wir machen einfach Urlaub, bis es wieder regnet."
„Hurra!" schrie Lilli. „Fahren wir ans Meer?"
„Natürlich", lachte Herr Quaker. „Dann kann Glupschi auch sein Boot fahren lassen!"

Am Bahnhof hatte Herr Pfiffig gerade eine Auseinandersetzung mit zwei Ausländern. Sie hatten nämlich ihre Fahrkarten verloren. Doch Streifer, der alte Gepäckträger, fand die Karten. Und das Problem war gelöst.

Schnell, Familie Quaker! Gleich ertönt die Pfeife, und der Zug fährt ab!

Schmunzeldorfs Hotel

Im Garten des Hotels „Zur Fröhlichen Wühlmaus" servierten Frau Krachbeere und ihre Tochter Mohnblume den Gästen kalte Getränke und Eis. Da traf Klimpers Taxi mit den Ausländern ein. Herr Krachbeere, der Wirt, nahm gleich das Gepäck der Waschbärfamilie und führte sie zu ihrem Zimmer.
Armer Klimper, keiner hatte daran gedacht, ihm die Taxifahrt zu bezahlen!

Herbst

Im Herbst ist es in Schmunzeldorf einzigartig schön. Da färbt sich das Laub des Wisperwaldes golden, rot und orange. Und in der Luft liegt ein herrlicher Duft.

Leider bereitet das fallende Laub den
Tieren von Schmunzeldorf manchmal
Schwierigkeiten. Möchte doch jeder
seinen Garten sauber haben!
Gewiß, man kann ein kleines Herbst-
feuer anzünden und das störende
Laub verbrennen. Doch sollte man zuvor
sorgfältig prüfen, aus welcher
Richtung der Wind kommt!

Wenn der Herbstwind weht
Herr und Frau Rostig waren mit ihren Kindern Gelbbraun, Rotbraun und Rostbraun hinausgegangen, um einen Drachen steigen zu lassen. Rostbraun hielt die Schnur fest, und Rotbraun versuchte, den Drachenschweif zu fangen. Doch bald schwebte der Drachen hoch oben. Es sah aus, als ob er die Wolken berührte!

Vorräte für den Winter

Herr Stachlig war Bahnhofsvorsteher in Schmunzeldorf. Heute hatte er sich einen Tag Urlaub genommen. Er wollte mit seiner Frau und mit Stoppeline Nüsse und Früchte aus dem Wisperwald holen.

Man muß sagen, der Ausflug hat sich gelohnt!

Erwischt!
Kaspar, Hans Dachs, Strampel und Klettermax steckten voller Übermut. Auch heute hatten sie wieder etwas ausgeheckt: Sie wollten Äpfel stehlen!
Doch Wachtmeister Langbein erwischte sie. Er schnappte sich drei der Übeltäter.
Nur Kaspar, der hurtige Eichhorn-Sohn, konnte entkommen.

Die Holzfäller

Tief im Wisperwald fällten Herr Splitter und seine beiden Söhne Ruck und Zuck Bäume. Sie spalteten sie zu Brennholz für den Winter.
Die schwere Arbeit kostete Kraft und machte Hunger. Wie froh waren sie darum, als Frau Splitter rief: „Essen kommen! Die Suppe ist fertig!"

Die Narrenzeit beginnt!
Am 11. November um 11 Uhr 11 begann auch in Schmunzeldorf die Narrenzeit.

Mütze und Pfütze Fingerhut begaben sich zu ihrem ersten Narrenball. Sie trugen prächtige Kostüme. Doch kein Wunder, ihre Eltern waren die Schneider von Schmunzeldorf!
Manche Kinder hatten richtige Masken aufgesetzt. Da wußte man gar nicht, wer darunter steckte!

Winter

In Schmunzeldorf ist der Winter gewöhnlich sehr kalt und bringt viel Schnee. Manche Bewohner von Schmunzeldorf fühlen sich dann richtig wohl. Sie bauen Schneemänner, rodeln oder laufen auf der zugefrorenen Wisper Schlittschuh.

Doch so ein Winter ist nicht jedermanns Sache: Manche Tiere nämlich sagen: „Am besten sammelt man ein großes Bündel Holz, macht sich ein schönes, warmes Feuer und futtert ein paar leckere Lebkuchen!"

Gut zum Wegwerfen

Herr Weidenbank war wirklich ein ausgezeichneter Schuster. Er konnte alte Schuhe wieder so gut instand setzen, daß man sie von neuen kaum unterscheiden konnte.
Doch als sein Sohn Pikser ihm die Stiefel von Feuerwehrmann Prachtkerl zeigte, da schüttelte er den Kopf.
„Da ist nichts mehr zu machen", meinte er. „Die sind nur noch gut zum Wegwerfen."
Frau Weidenbank erkundigte sich: „Wieso haben Sie denn so riesige Löcher in Ihren Stiefeln?"
Da gab Herr Prachtkerl verlegen zu: „Nun ja, ich stellte sie zum Trocknen zu dicht ans Feuer. Da sind sie leider angebrannt."
Pikser kicherte: „Wie kann nur ein Feuerwehrmann etwas so Dummes tun!"

Herrn Rauhbeins Laden
Kaspar und Pummel stürzten aufgeregt in Herrn Rauhbeins Laden. Sie hatten gerade ihre Sparschweine geschlachtet. Ob das Geld wohl für einen Schlitten reichte? Herr Rauhbein suchte hilfsbereit einen großartigen Schlitten aus. Ein wenig mehr kostete er zwar. Aber der Dachs meinte: „Na, weil ihr es seid, bekommt ihr ihn etwas günstiger!"

Briefträger Schusselig
Frau Schusselig traute ihren Augen nicht: Da hatte ihr Mann doch wahrhaftig vergessen, seinen Postsack zu schließen! Und nun flogen alle Einladungen zur Silvesterfeier auf Schloß „Kullerbeer" davon. Walter rannte los und holte den Vater noch ein. „Hoffentlich sind keine Einladungen verloren gegangen", seufzte Herr Schusselig und sammelte die Briefe auf. „Jeder von Schmunzeldorf möchte doch bei der Silvesterfeier dabei sein!"

Bei der Arztfamilie
Fritzchen Buschig, der Sohn des Arztes, lag mit einer schlimmen Erkältung im Bett. „Keine Sorge, mein Sohn", sagte Herr Buschig. „Du nimmst diese Medizin ein, und dann bist du schon bald wieder auf den Beinen!"

„Ja, ja, wir müssen dich schnell wieder gesund kriegen", stimmte ihm Frau Buschig zu. „Denn bis zur Silvesterfeier bei den Kullerbeers sind es nur noch wenige Tage!"

In der Bäckerei und Konditorei Schlecker

In der Bäckerei und Konditorei war Herr Schlecker emsig dabei, die köstlichsten Leckereien für die Silvesterfeier zu backen.
Frau Schlecker verzierte gerade eine Torte. Und Hupsi sah ihr dabei zu. Kaspar trug eifrig das fertige Gebäck fort. Keiner hatte Zeit, den kleinen Pummel ins Bett zu bringen. Und so war er ganz einfach auf dem Fußboden eingeschlafen.

Die Silvesterfeier

Endlich war Silvester, und das Fest auf Schloß „Kullerbeer" konnte stattfinden. Briefträger Schusselig hatte offenbar keine Einladung verloren. Denn es kamen alle. Und es wurde die schönste Silvesterfeier, die es je in Schmunzeldorf gab!